UNE

QUESTION MONÉTAIRE

A

L'ILE DE LA RÉUNION

UNE

QUESTION MONÉTAIRE

A

L'ILE DE LA RÉUNION

Je ne prétends point faire un traité sur le régime des monnaies à l'Ile de la Réunion. Mon but a des limites plus étroites, bien que j'aie eu une part active dans cette question d'intérêt public.

Un concours de circonstances, me créant une situation difficile, me fait une obligation de mettre en lumière plusieurs points de la question.

Ceux qui se souviennent des difficultés provoquées par l'absence de monnaie divisionnaire dans la colonie, me liront avec bienveillance et avec intérêt, je l'espère.

J'exposerai les faits qui me touchent, et ce qui en est advenu.

DE 1856 A 1876.

Il faut se reporter au début de cette période de vingt années, pour apprécier justement quelle était l'intensité de la crise monétaire dont se plaignait alors la colonie. De tous ceux qui l'ont habitée, personne n'a échappé aux embarras, aux difficultés du manque de monnaies.

La colonie retirait son alimentation de l'extérieur, et se libérait en numéraire. Nous n'avions, pour ressources d'échanges, que quelques traites des banques anglaises. Le Comptoir d'escompte n'avait pas encore établi ses agences de crédit dans la mer des Indes. Les expéditions directes du commerce colonial, les économies thésaurisées par les Indiens rentrant chez eux, les expéditions à Madagascar, avaient épuisé le stock des monnaies diverses qui circulaient dans l'île.

De cette situation, ressortait aux yeux de tous la nécessité d'une monnaie appelée à rester dans la colonie.

L'industrie privée, poussée par les exigences des échanges et des payements quotidiens, eut recours à une émission libre de papier-monnaie (1857).

Plusieurs personnes firent des coupures de 5 francs, de 2 fr. 50 et de 1 franc, remboursables par groupe de 25 francs, en un billet de la Banque coloniale. Mais, en présence des inconvénients de ce papier non autorisé, l'autorité locale dut, très-justement, interdire cette circulation.

Bientôt après, en 1859, M. le Coat de Kervéguen faisait au Ministère de la marine ces trois propositions, demandant :

Soit que l'État fît des envois successifs de numéraire pour subvenir aux besoins de la circulation et suppléer à l'exportation courante du numéraire.

Soit que le Ministère de la marine intervînt pour obtenir l'émission d'une monnaie coloniale.

Soit encore l'autorisation de déposer au Trésor une somme de rentes françaises devant servir de nantissement à l'émission d'une monnaie spéciale. Le jeton sans effigie officielle, qu'il demandait, allait se trouver une propriété privée, il est vrai ; mais l'émission devait se faire sous le contrôle du Trésor, et cette autorisation ne devait entraîner aucun privilége lucratif.

Ces propositions furent rejetées.

Les sommes envoyées de temps en temps au Trésor colonial, pour les besoins du service, comme leurs devancières, continuèrent à disparaître à leur sortie même du Trésor. La pièce de 5 francs obtenait une prime de 10 à 11 0/0 pour l'exportation.

Il fallait donc s'ingénier à la recherche d'une monnaie qui ne pût être exportée de Bourbon, ni pour l'Inde, ni pour Madagascar.

La pièce autrichienne de 20 kreutzers anciens [1]

1. Jusqu'en 1857, en Autriche, on comptait par florins de convention (Gulden-Conventions-Münze), au pied de 20, de 60 kreutzers anciens. Il y avait 20 florins dans un marc de Cologne d'argent fin ; le marc de Cologne valait à Vienne, grammes 233,87.

Le zwanzig C. M. était le tiers du florin, et valait 20 kreutzers anciens, c'est-à-dire 0,806,547.

répondait à ce but, à la condition d'en élever la valeur et d'en rendre le change impossible.

Nous avions vu acheter couramment, avec une prime de 3 à 5 0/0 pour l'exportation, les quadruples d'Espagne et les doublons d'Amérique, dont la valeur, dans la colonie, était majorée de 5 0/0 par les arrêtés locaux que les mêmes nécessités avaient inspirés. Aussi, l'introduction des pièces de 20 kreutzers anciens fut-elle autorisée ; et M. le Coat de Kervéguen s'obligea à rembourser, au prix d'un franc, les pièces qu'il mettait en circulation. L'évaluation n'a rien de surprenant, si on se reporte aux conditions de l'époque. Jusqu'à ces derniers temps, l'agriculture, pour se procurer cette même monnaie de 20 kreutzers, n'a-t-elle point, parfois, payé au commerce de détail une prime de 1 à 3 0/0 ?

A partir de 1859, cette monnaie a seule suffi aux nécessités des échanges. Seule elle subvenait, avec les billons de cuivre et les billets de 5 francs que la Banque coloniale émit vers 1866, aux réglements de tous les salaires. Il faut se souvenir du rôle qu'elle a joué, de son utilité particulière et de sa fonction active.

Parallèlement à ce rouage, les monnaies d'or, quadruples et doublons, formaient le capital immuable, l'encaisse métallique des établissements publics.

1877—1878

Si je traitais des lois commerciales du crédit et du mouvement général du numéraire, j'aurais à développer les raisons de solidarité qui enchaînent les relations de pays à pays, et les conséquences des écarts du change. J'aurais démontré comment il devait arriver que pendant la période de vingt ans, dont je viens de m'occuper, les conditions du change ont longtemps favorisé l'exportation du numéraire de Bourbon ; et pourquoi, ces conditions étant absolument différentes depuis deux ans, les roupies de l'Inde devaient affluer à Bourbon, en raison du bénéfice qu'elles offraient à nos voisins dans leurs opérations de banque.

Il est entré ainsi à Bourbon une somme de roupies de l'Inde, notablement élevée, pour les ressources locales. Et j'ai lieu de supposer que, de novembre à janvier, il a dû en arriver un certain nombre. Nous le saurons bientôt.

Il suffit de faire ressortir les faits, c'est-à-dire les fluctuations du mouvement monétaire, et de constater l'abondance de ces roupies qui avaient disparu depuis vingt ans.

Or, ces roupies ont officiellement accès dans les caisses publiques, comme les quadruples et les doublons. Il s'ensuit que le trésor colonial se trouve (en monnaie de compte), en différence vis-à-vis de sa métropole; et qu'il y aura perte, si on réalise cette différence de valeur dans l'encaisse métallique.

La colonie de Cochinchine réclamait aussi des réformes.

Le Gouvernement métropolitain a désiré apporter un état plus correct dans le service financier de ses colonies; et, dans le cours de 1878, une commission fut chargée d'assister le Ministre des finances, en vue d'un règlement du régime des monnaies.

On se méprendrait sur mon caractère et mon

jugement, si l'on pensait que je vis avec ombrage le Gouvernement entrer dans une voie de réforme du régime monétaire. En 1859, nous ne demandions pas autre chose. Comme aujourd'hui, je pensais *que c'est le devoir étroit de l'État de pourvoir à la circulation de la monnaie divisionnaire.* Et c'est parce que les circonstances ne permettaient pas au Gouvernement de s'acquitter de cette obligation, que nous avons eu recours à l'introduction d'une monnaie étrangère.

Cette opération, qui devait rendre autant de services aux particuliers qu'au Gouvernement lui-même, et que ce dernier avait d'ailleurs autorisée avec empressement, nous créait, au moment où la commission allait trancher la question du retrait des monnaies étrangères circulant dans la colonie, une position qui devait évidemment me préoccuper. J'aurais vivement désiré, en effet, pouvoir soumettre à cette commission des renseignements et des avis, qui l'auraient peut-être portée à comprendre, dans les mesures qu'elle allait arrêter, la question des pièces de 20 kreutzers.

Cette faculté ne m'a pas été laissée ; et ce ne fut que dix jours après le départ de la malle du 12 janvier, que je fus informé, pour la première fois, du départ d'un inspecteur des Finances, chargé d'opérer la substitution de la monnaie nationale à toutes les monnaies étrangères circulant dans la Colonie.

Une démarche, faite à la direction des Colonies par un de mes compatriotes, me confirma cette nouvelle, et m'apprit en même temps que le Gouvernement entendait se désintéresser absolument de la question des pièces de 20 kr., la considérant comme une affaire particulière, réglée par un contrat entre la Colonie et nous.

C'était une situation bien difficile et bien imprévue qui m'était faite.

Notre intervention en 1859 n'avait-elle pas été assez utile et assez opportune pour qu'elle fût prise en considération, et pour qu'un avis donné en temps utile me permît de transmettre des instructions à Bourbon.

La seule ressource qui me restât, réduite à la brièveté d'un télégramme, me servit à informer mon mandataire de remplir mes engagements. Et encore les embarras des voies télégraphiques en France, par suite de l'abondance des neiges à ce moment, me laissent peu d'espoir que ma dépêche ait rejoint la malle à Aden.

SOLUTION

Nous voici donc arrivé à ce moment d'une conversion nécessaire. L'État intervient pour anéantir ces variétés disparates du service monétaire colonial, mesure que je comprends. Comment sera-t-elle exécutée ?

J'ai montré la source et l'usage des diverses monnaies du pays.

Il a convenu à l'État de nous laisser *nous substituer à son action directe dans l'obligation de subvenir aux besoins de la monnaie divisionnaire.* Cette circulation, non interrompue pendant dix-huit ans, n'établit-elle pas une prescription morale et une sorte de réciprocité, où je n'ai été que l'intermédiaire d'un service de trésorerie que les règles administratives rendaient difficile à l'État.

Cette fiction me donne la solution la plus juste. Voici comment j'en comprends la pratique, et je la traduirai par un exemple comparatif.

Le Gouvernement a porté à 2 fr. 50 la valeur de la roupie. Il va la rembourser à ce taux. Elle représente 2 fr. 375,961.

Nous avons émis la pièce de 20 kreutzers à 1 franc ; nous la rembourserons à 1 franc. Que le Gouvernement me remette, en échange de cette pièce de 20 kreutzers, à son gré, soit un bon du Trésor de 0,866, *soit plutôt* le montant de notre achat sur pièces justificatives, c'est-à-dire *à la valeur réelle de la pièce à son entrée au service public colonial.*

Je suis convaincu que, prenant en considération le service considérable que, pendant vingt ans, l'introduction de cette monnaie a rendu à la Colonie, le Gouvernement voudra adopter, à l'égard de cette monnaie, des mesures qui peuvent assurer une solution équitable de la difficulté.

Cette solution, nous l'avons indiquée plus haut, et nous devons faire remarquer qu'elle constituerait pour les pièces de 20 kreutzers un traitement moins favorable que pour les roupies.

Si on s'écartait du principe que je viens de poser, on arriverait à des conséquences vraiment injustes et inadmissibles. Je n'ai pas à les développer, car ce serait s'arrêter à une hypothèse que je dois repousser avec la plus entière confiance.

Le Coat de Kvéguen.

Paris, 1er février 1879.

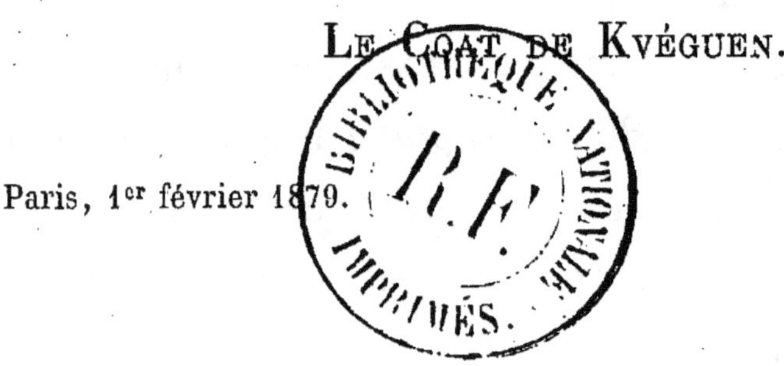

Paris. — Typ. PILLET et DUMOULIN, rue des Grands-Augustins, 3.